AF330657

HOSPICE LEJEUNE

DE

Saint=Étienne=de=Corcoué

RAPPORT GÉNÉRAL

sur le Service Religieux

NANTES

IMPRIMERIE A. DUGAS ET Cie, QUAI CASSARD, 5

1905

HOSPICE LEJEUNE

DE

Saint=Étienne=de=Corcoué

RAPPORT GÉNÉRAL

sur le Service Religieux

NANTES

Imprimerie A. Dugas et Cie, Quai Cassard, 5

—

1905

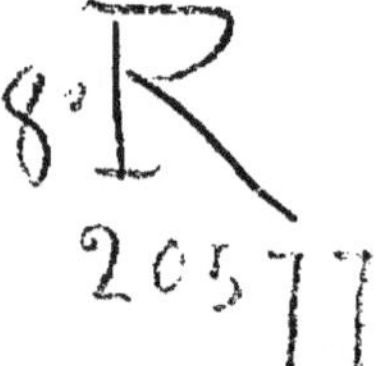

INTRODUCTION

L'Hospice civil de la commune de Saint-Étienne-de-Corcoué, situé à moins de 1.200 mètres du bourg de cette commune, et fondé par feu M. Lejeune, a des revenus moyens approximatifs de 30.000 francs par an, employés à hospitaliser des malades pauvres et à secourir de nombreux indigents à domicile.

Un aumônier était depuis quelques années attaché à l'établissement.

La Commission administrative ayant pour raison d'économie supprimé l'aumônerie pour revenir au service religieux par le clergé paroissial qui existait autrefois, les ennemis politiques des quatre membres de la Commission qui avaient voté ce changement, attaquèrent par des écrits ces derniers et les républicains du canton de Legé.

Le rapport suivant met en lumière les raisons qui militaient en faveur de la mesure prise et répond aux adversaires.

HOSPICE LEJEUNE

DE

Saint-Étienne-de-Corcoué

RAPPORT GÉNÉRAL

PRÉSENTÉ

Au nom de la Commission composée de MM. GADAIS, GIRAUDINEAU, AIRIAU et VERGNE, relative au remplacement du Service de l'Aumônerie à l'Hospice Lejeune, par le Service religieux paroissial

Par M. VERGNE, Membre de cette Commission

MESSIEURS,

La modification dans l'organisation du service religieux qui a été votée par votre Assemblée a attiré certaines récriminations dont la mesure a été presque toujours la passion politique et l'aveuglement de fougueux militants qui confondent la domination abusive qu'on veut leur supprimer, avec la déchéance que personne ne songe à leur infliger au delà de la liberté entière laissée aux croyances et aux pratiques religieuses.

Pour répondre aux adversaires de l'exercice du culte paroissial à l'hospice Lejeune, qui, pour la plupart en ont fait une question politique, et pour faire connaître les droits, les devoirs et les décisions de la Commission relativement au service religieux, je vais, sous un premier chapitre faire l'histoire de l'hospice et de l'aumônerie ; sous un deuxième, parler du changement dans l'organisation du service religieux; sous un troisième, exposer les améliorations et les aménagements avec la maison de l'aumônerie prise comme succursale de l'hospice ; sous un quatrième, émettre les appréciations de votre Commission, sur les oppositions qui lui ont été faites, et enfin le cinquième chapitre, comprendra les conclusions du présent rapport.

CHAPITRE PREMIER

Histoire de l'Hospice et de l'Aumônerie

I. — Volontés de M. Lejeune

M. Lejeune, en son vivant propriétaire et négociant à Nantes, y mourut le 16 juin 1881, laissant les dispositions testamentaires suivantes qui vont être reproduites littéralement :

Ceci est mon testament :

. . . .

Après avoir indiqué que ce testament représente bien ses volontés et fait certains legs particuliers, le testateur dit :

« Je lègue tout le surplus de ma fortune, en
» l'instituant ainsi ma légataire universelle, à la
» commune de Saint-Étienne-de-Corcoué, canton
» de Legé, département de la Loire-Inférieure.

» Je veux que la commune de Saint-Étienne-de-
» Corcoué, ainsi instituée ma légataire universelle,
» emploie tout ce qui restera de ma fortune,
» après acquittement des legs ci-dessus, et de tout
» ce que je pourrai faire, ainsi que des charges de
» ma succession, à la fondation, la construction,
» l'installation, l'ameublement et l'entretien de

» l'Hospice civil qui doit être fondé en cette
» commune sur l'emplacement désigné dans le
» testament de mon frère, en exécution de la
» donation que je lui ai faite par respect pour la
» mémoire et les volontés de mon frère Marie-
» Henry Lejeune.

» La construction de cet hospice ne devra pas
» coûter d'abord plus de cent mille francs, pris
» tant sur les valeurs comprises en la donation
» précitée que sur celles qui dépendent de ma
» succession.

» Tous les revenus de ma fortune seront employés
» à perpétuité à l'entretien de l'Hospice civil,
» paiement des médecins, gardes-malades, domes-
» tiques, médicaments, mobilier, etc., et géné-
» ralement à toutes choses nécessaires dans un
» hospice.

» Si les ressources de cet hospice sont trop
» importantes pour les besoins de la population
» qui est appelée à y recevoir des secours,
» la Commission d'administration pourra, mais
» seulement si elle le juge à propos, y recevoir
» et faire soigner des personnes pauvres et des
» malades des communes voisines; on pourra
» également secourir à domicile des malades et
» des convalescents pauvres.

. . . .

« Je nomme pour mon exécuteur testamentaire,
» le priant de vouloir bien veiller à la stricte
» exécution de mes volontés. M. le Maire de Saint-
» Etienne-de-Corcoué qui sera soumis, pour tous

» ses actes, au contrôle du Conseil municipal de
» cette commune.

» Le maire devra former aussitôt mon décès,
» une Commission d'administration composée de
» 5 habitants de la commune pris parmi les dix
» plus imposés, dont il aura la présidence, pour la
» gestion de ma fortune, l'édification et l'instal-
» lation immédiate de l'hospice civil précité qui
» est le seul but que je me propose, tous les actes
» de cette Commission seront soumis au contrôle
» du Conseil municipal de la commune de Saint-
» Etienne-de-Corcoué.

» *Si les ressources sont suffisantes,* on devra
» construire une chapelle dans l'hospice et y
» attacher un prêtre qui dira la messe tous les
» jours et une prière spéciale pour notre famille,
» elle sera sous le vocable de Louise-Marie-
» Henriette, prénoms de ma mère, s'il est possible;
» il devra y avoir dans la chapelle une inscription
» rappelant la munificence de notre famille.

. . . .

» Nantes, le 10 septembre 1878.

» *Signé :* F. LEJEUNE. »

II. — INTERPRÉTATION DU TESTAMENT

Quel a été le mobile de la libéralité, quelle en est
la chose principale.

En lisant ce testament n'est-on pas frappé de la
volonté bien arrêtée de M. Lejeune dans un senti-

ment de profonde bienfaisance vis-à-vis des pauvres et des malades, de doter la région d'un asile destiné au soulagement des souffrances et de la misère. C'est incontestablement l'idée qui domine toutes les autres clauses du testament dont elle est le but unique.

En effet, M. Lejeune commence par indiquer d'une manière énergique qu'il veut que tout ce qui restera de sa fortune après le paiement des legs particuliers et des charges serve à la *fondation, la construction, l'installation, l'ameublement et l'entretien de l'Hospice civil qui doit être fondé ;* il fixe ensuite le chiffre maximum des frais de premier établissement, puis il précise que tous les revenus de sa *fortune seront employés à perpétuité à l'entretien de l'Hospice civil,* paiement *des médecins, gardes-malades, domestiques, médicaments, mobilier.*

Il n'est pas encore question de créer un poste d'aumônier, la pensée du testateur s'était montrée claire et bien arrêtée, il voulait avant tout un asile pour soulager les misères.

Il semble que si M. Lejeune avait voulu créer un poste d'aumônier et faire de cette création une condition *sine qua non* de son legs, il l'aurait indiqué avec autant d'énergie qu'il a mise pour traduire sa pensée dominante qui a été de doter la commune de Saint-Étienne-de-Corcoué d'un *Hospice civil* suivant l'expression dont il se sert.

Au contraire, après avoir songé à la commune de Saint-Étienne-de-Corcoué, berceau de sa famille, ce qui eût pu satisfaire un cœur généreux, il affirma sa grandeur d'âme et son désir de soulager tous les pauvres et tous les malades de la région en disant :

« Si les ressources de cet hospice sont trop
» importantes pour les besoins de la population
» qui est appelée à y recevoir des secours, la
» Commission d'administration pourra, mais seule-
» ment si elle le juge à propos, y recevoir et faire
» soigner des personnes pauvres et des malades
» des communes voisines ; on pourra également
» secourir à domicile des malades et des conva-
» lescents pauvres. »

M. Lejeune ne songe pas encore à la création de l'aumônerie. Il nomme pour son exécuteur testamentaire, M. le Maire de Saint-Étienne-de-Corcoué, en prévoyant la formation d'une commission provisoire pour gérer et administrer sa fortune jusqu'à ce que la commune soit autorisée à accepter le legs, et il répète: pour l'édification et l'installation immédiate de *l'Hospice civil précité qui est le seul but que je me propose.*

Tout est donc maintenant prévu par le testateur pour que sa fortune soulage le plus de misères et de malades possible.

A ce moment, mais à ce moment seulement, craignant qu'il reste un disponible sur les revenus de sa fortune après avoir secouru *tous les pauvres et tous les malades* de la région, il dit en dernier lieu, et remarquez comment il commence sa phrase.

« *Si les ressourses sont suffisantes,* on devra
» construire une chapelle dans l'hospice et y

» attacher un prêtre qui dira la messe tous les jours
» et une prière spéciale pour notre famille, elle
» sera sous le vocable de Louise-Marie-Henriette,
» prénoms de ma mère s'il est possible, il devra
» y avoir dans la chapelle une inscription rappelant
» la munificence de notre famille. »

Par cette disposition, M. Lejeune n'indique-t-il
pas clairement qu'après les pauvres et les malades,
viendra l'aumônerie. Aucune autre interprétation
ne semble pouvoir être admise sans méconnaître
l'esprit et la lettre du testament.

III. — EXÉCUTION DES VOLONTÉS DE M. LEJEUNE

Après de nombreuses formalités, notamment en
ce qui concerne les réclamations qui furent faites
par des héritiers et des légataires, le décret d'autorisation de création de l'hospice Lejeune intervint
le 16 août 1883.

Il était ainsi conçu :

« Le Président de la République française ;
» Sur le rapport du Ministre de l'Intérieur ;
» Vu le testament olographe de M. Lejeune du
» 10 septembre 1878.
» Etc., etc......

» DÉCRÈTE :

» ARTICLE PREMIER

» Est autorisée la création d'un Hospice dans la
» Commune de Saint-Étienne-de-Corcoué (Loire-
» Inférieure).

» Cet établissement sera administré *conformé-*
» *ment aux lois et règlements qui régissent les*
» *institutions de cette nature.*

ART. 2

» Le Maire de Saint-Etienne-de-Corcoué (Loire-
» Inférieure) et la Commission administrative de
» l'Hospice créé en vertu de l'article précédent sont
» autorisés à accepter chacun en ce qui le concerne
» et avec clauses et conditions imposées, le legs fait
» à cette commune par le sieur Lejeune (François-
» Constant), suivant son testament olographe du
» 10 septembre 1878 et consistant dans l'universalité
» de ses biens, meubles et immeubles, à la charge
» de fonder un hospice.

. . . .

» Fait à Mont-sous-Vaudray, le 16 août 1883.

» *Signé :* Jules GRÉVY. »

Aussitôt cette autorisation une Commission administrative fut constituée et composée suivant la loi de M. le Maire de Saint-Etienne-de-Corcoué, président, de deux membres du Conseil municipal et de quatre membres nommés par M. le Préfet. Cette Commission remplaçait les exécuteurs testamentaires et gérants provisoires qu'avait indiqués M. Lejeune dans son testament.

L'administration de la fortune de M. Lejeune et de l'hospice se trouve ainsi confiée à la Commission légalement formée, et cette Assemblée est investie des pouvoirs, droits et devoirs que la loi elle-même lui a strictement indiqués, ramenant ainsi à ses prescriptions tout ce qui est contraire à son esprit et à sa lettre, et ce par mesure d'ordre public.

Les travaux de construction furent exécutés, ils s'achevèrent vers le milieu de l'année 1892, l'hospice fut ouvert aux malades en octobre de la même année.

Une chapelle fut en même temps édifiée.

Elle répond aux besoins du culte. Elle ne porte pas d'inscriptions rappelant la munificence de la famille Lejeune comme M. Lejeune l'avait désiré pour le cas où on construirait une chapelle.

Le service du culte à l'hospice ne commença qu'au mois de février 1894, et il fut assuré pendant les années qui suivirent par le clergé paroissial de Saint-Etienne-de-Corcoué, sous la direction de l'honorable Prieur M. Blordier, jusqu'à ce qu'une délibération prise par la Commission administrative de l'hospice, le 4 février 1897, eut voté l'installation d'une aumônerie.

Les conditions auxquelles le service du culte était fait par le clergé paroissial avant la création de l'aumônerie étaient les suivantes :

D'abord, environ deux messes par semaine à raison de cinq francs par messe.

Plus tard, en 1895, 1896 et 1897 les messes étaient payées 7 francs 50 l'une.

Le tableau ci-après montre les dépenses du culte jusqu'à 1905, et il en résulte que le service par le clergé paroissial n'a jamais coûté plus de 498 fr. 50

maximum, alors qu'en 1894 il a coûté 99 fr. 20, minimum et d'autre part on remarquera que M. l'Aumônier était payé 1.200 francs par an.

Date de l'ouverture de l'Hospice Lejeune: 26 octobre 1892

Dépenses du Culte depuis 1883, date de l'installation de la Commission administrative

(Extrait des divers comptes administratifs) :

1904 somme prévue: 1.300 f, dépense : 1.218 f 70, y compris 1.200 f pour l'aumônier

1903	—	1.300 f, —	1.218 f 70, —
1902	—	1.300 f, —	1.258 f 55. —
1901	—	1.300 f, —	1.265 f 45, —
1900	—	1.300 f, —	1.228 f 05, —
1899	—	1.300 f, —	1.228 f 05, —
1898	—	1.300 f, —	1.200 f, —
1897	—	1.400 f, —	1.067 f 50, fondation de l'Aumônerie
1896	—	500 f, —	498 f 50, service du culte assuré par le curé qui avait touché 390 fr.

Le curé recevait 7 f 50 par messe.

1895 somme prévue: 400 f, dépense: 382 f 50
1894 — 110 f, — 99 f 20?

En 1894, du 8 février au 28 juin, pour 20 messes le curé reçut 100 fr.

En 1894 (pour le deuxième semestre), 24 messes à 5 fr. l'une : 120 fr.

Ce qui donne une messe environ par semaine.

1893 somme prévue : 500 f, dépense : 0

1892	—	800 f, —	110 f
1891	—	100 f, —	100 f service pour la famille Lejeune.
1890	—	100 f. —	100 f —
1889	—	100 f, —	100 f —
1888	—	100 f, aucune dépense.	

1887
1886
1885   Rien de prévu sur les budgets de ces cinq années.
1884
1883

Création du service d'aumônerie

Les conditions de création de l'aumônerie étaient :

Traitement annuel de 1.200 francs à M. l'aumônier, ci. . . . .   1.200 fr.

Son logement avec jardin.

« Etant fait remarquer que l'acquisition, les tra-
» vaux de réparation et de mise en état de la
» maison de l'aumônerie ont coûté d'après les
» budgets de l'hospice, 6.519 francs 21 ».

Ce qui portait à 1.500 francs au minimum le traitement total annuel de M. l'aumônier dépassant de plus de 1.000 francs la dépense de la première organisation du culte avec le clergé paroissial.

On avait donc, en créant l'aumônerie, grevé le budget de l'hospice Lejeune de la somme de mille francs au moins au préjudice des pauvres et des malades que M. Lejeune a voulu secourir avant toute autre chose et au préjudice aussi du clergé paroissial qui peut trouver dans l'hospice un précieux à-point de ressources.

Il paraît intéressant à votre rapporteur de rappeler les délibérations successives qui furent prises relativement à la création de l'aumônerie par la Commission administrative de l'hospice qui était présidée par notre honorable Président d'aujourd'hui M. de Goulaine.

1° Dans une délibération du 5 décembre 1895,

la Commission décidait la création d'une aumônerie, et voici ce qui y était dit :

« Considérant que le service du culte n'est pas
» actuellement suffisamment assuré et que notam-
» ment il n'existe pas le dimanche.

» Considérant que la distance qui sépare l'hos-
» pice de l'église paroissiale est d'environ deux
» kilomètres et que pour cette raison, en hiver
» surtout, les hospitalisés et le personnel ne
» peuvent pas toujours la franchir.

» Considérant que la dépense résultant actuelle-
» ment de ce chef inscrite au budget ne serait pas
» notablement modifiée par l'établissement d'une
» aumônerie.

» Considérant que cet établissement est conforme
» aux desirs exprimés dans son testament par
» M. Lejeune, bienfaiteur de la commune.

» Délibère qu'il y a lieu d'installer un service
» d'aumônerie pour l'hospice.

» Délègue M. le Président à l'effet de demander
» à M. le Préfet la marche à suivre tant près de
» l'Administration que près de l'Evêché pour par-
» venir à l'intallation dont il s'agit.

» 2° A la séance de la Commission du 9 janvier
» 1896, M. le Président communique le résultat de
» ses démarches relativement à l'aumônerie, il lui
» est décerné acte et on fixe à 1.200 francs le traite-
» ment de l'aumônier à condition de dire deux
» messes par semaine pour la famille Lejeune.

» Les enterrements et cérémonies pour les hos-

» pitalisés étaient réservés et payés au clergé
» paroissial par l'hospice ».

» 3° A la séance du 6 février 1896, M. le Prési-
» dent dépose sur le bureau de la Commission un
» rapport résumant les pourparlers avec l'Evêché
» pour l'aumônerie. Il résulte de ce rapport qu'un
» traitement de 1.200 francs et le logement avec
» jardin étaient proposés pour l'aumônier, ce qui
» fût accepté par la Commission.

» 4° Les délibérations du 3 décembre 1896 et
» 4 février 1897 acceptent l'aumônerie, constatent
» que tout est en état pour recevoir l'aumônier et
» chargent M. le Président de faire le nécessaire
» et de se concerter pour l'exercice du culte en lui
» donnant mission de recevoir l'aumônier. »

D'après ces délibérations, les raisons maté-
rielles qui étaient mises en avant par la Commission de cette époque étaient : 1° la distance
de deux kilomètres de l'hospice à l'église paroissiale; 2° la différence de dépense pas notablement
supérieure.

Il n'est pas difficile de démontrer que ces
raisons étaient inexactes. En effet la distance
entre l'hospice et l'église est, suivant le service
vicinal, de 1.170 mètres.

L'excédent des dépenses de l'aumônerie sur le
service religieux paroissial est de mille francs, au
minimum, ainsi qu'il a été expliqué plus haut.

La Commission d'alors se plaignait que le service religieux n'était pas assuré le dimanche et que
les hospitalisés ne pouvaient pas aller jusqu'à
l'église paroissiale; mais est-ce que ces mêmes

pauvres et malades qui avant d'entrer à l'hospice habitaient dans tous les coins de la Commune de St-Etienne-de-Corcoué, avaient lorsqu'ils étaient chez eux le service religieux hebdomadaire à domicile et est-ce que notamment il n'est pas plus facile au clergé paroissial de trouver réunis à l'hospice, à moins de 1.200 mètres, tous les malades pauvres de la Commune pour leur porter les secours de la religion plutôt que d'être obligé d'aller au domicile séparé de chacun.

Ces chiffres et explications ne démontrent-ils pas avec éloquence que l'utilité de la création de l'aumônerie ne se faisait pas absolument sentir et n'est-il pas plus conforme aux volontés de M. Lejeune, d'employer les revenus de son legs à soulager les misères, que de refuser des secours aux indigents pour appointer un aumônier sans compter.

L'interprétation du testament de M. Lejeune pourrait-elle conduire à créer et payer une aumônerie d'abord, et à secourir les pauvres et les malades ensuite ! " Aux plus deshérités le plus d'amour " a-t-il pensé et dans cet ordre d'idées il n'a certainement pas voulu commencer par rétribuer un aumônier à l'abri du besoin !

CHAPITRE DEUXIÈME

Remplacement de l'Aumônerie par le service religieux paroissial.

L'ordre du jour de la séance de la Commission administrative du 4 mai 1905, portait :

Etude d'un projet relatif au service religieux et à la création d'un poste d'économe.

La Commission délègue M. Gadais et M. Giraudineau pour présenter un rapport sur cette question.

A la séance du 3 août, MM. Gadais et Giraudineau communiquent le rapport qu'ils ont été chargés de présenter à la Commission. M. Gadais donne lecture de ce rapport, qui est ainsi conçu :

« Messieurs,

» Les rapporteurs ayant examiné, au point de
» vue administratif, la question du remplacement
» de l'aumônier par un économe, ont l'honneur de
» vous communiquer le résultat de leurs travaux
» et de vous prier de vouloir bien sanctionner par
» un vote favorable, les conclusions du présent
» rapport.

» Il leur a paru pour la sauvegarde des intérêts
» de l'hospice Lejeune qui tire des revenus impor-
» tants de ses fermes et de ses vignes situées en
» Saint-Etienne-de-Corcoué, ainsi que de ses autres
» immeubles, sis en Bouin, qu'un économe, ou

» plutôt un régisseur serait pour l'établissement
» non seulement utile, mais certainement indispen-
» sable.

» En effet, l'administrateur de service qui veut
» bien avec le plus grand désintéressement, donner
» les ordres nécessaires à la bonne exécution des
» travaux et exercer une surveillance active pour-
» rait se voir, pour des raisons quelconques, dans
» l'impossibilité de continuer à assumer la tâche
» compliquée que seul son dévouement lui impose,
» ce qui, dans une telle éventualité, compromet-
» trait les intérêts de l'hospice.

» Par contre, la distance relativement courte sé-
» parant l'hospice Lejeune de l'église paroissiale, le
» peu d'hospitalisés, dans l'impossibilité de s'y
» rendre le dimanche et enfin, surtout, le nombre
» restreint de ses pensionnaires (26 lits), sont au-
» tant de raisons qui incitent les rapporteurs à
» penser que le besoin du maintien d'un aumônier
» spécialement affecté à l'établissement, ne se fait
» pas réellement sentir et ne justifie pas, à leurs
» yeux, les dépenses qui en résultent.

» Ils feront en outre remarquer que l'hospice n'a
» pas toujours été doté d'une Aumônerie et que, du
» reste, il leur paraît plus commode pour les prêtres
» de la paroisse d'avoir réunis dans un seul établis-
» sement, à leur portée, des infirmes ou des vieil-
» lards qu'ils ont coutume d'assister à leurs domi-
» ciles particuliers, presque toujours plus éloignés.

» Si aux considérations précédentes, on ajoute
» que les derniers fonds de réserve vont être presque
» complètement absorbés par la construction de la

» ferme du Coût, que les demandes d'admission de
» secours divers deviennent de plus en plus nom-
» breuses et qu'il y aurait, en outre, pour l'Etablis-
» sement, le plus grand intérêt à reconstituer, en
» vue de dépenses imprévues, un fond de réserve,
» on arrive à déduire que quoique la situation
» budgétaire soit toujours satisfaisante, il y a cepen-
» dant lieu de faire des économies.

» Dans un autre ordre d'idée, les rapporteurs ne
» rappelleront que pour mémoire un incident récent
» au cours duquel M. l'Aumonier actuel a usé,
» à l'égard de l'administrateur de service, d'ex-
» pressions plutôt malheureuses, que ce dernier
» estime avoir dépassé la pensée de leur auteur.

» Ils diront également à la Commission, mais pour
» mémoire seulement, qu'ils auraient préféré, dans
» des circonstances également récentes, voir le
» même aumônier au lieu d'observer une neutralité
» plus ou moins effective user de son autorité
» morale pour éviter, dans l'intérieur même de
» l'Etablissement, la diffusion d'écrits contenant,
» sous le couvert de l'anonymat, de basses injures
» à l'adresse des quatre membres de la Commis-
» sion, nommés par M. le préfet.

» C'est inspirés de ces différents motifs que les
» rapporteurs se sont arrêtés aux conclusions sui-
» vantes relatives à la première partie du projet.

» Prier M. l'Administrateur de service de vouloir
» bien continuer à exercer sa surveillance en atten-
» dant qu'un régisseur présentant toutes garanties
» ait été accepté par la Commission et supprimer,
» dès maintenant, le poste d'aumônier ; cette mesure

» devenant définitivement applicable le 1er octobre
» prochain.

» Les rapporteurs demandent, en outre, qu'il soit
» nommé aujourd'hui même une Commission de
» plusieurs membres dans le but d'organiser sur
» des bases nouvelles et des conditions moins oné-
» reuses, l'exercice du culte dans la Chapelle de
» l'hospice.

» Ils osent espérer que cette dernière proposition
» ramenant les choses à peu près au point où elles
» étaient anciennement aura la chance de rallier la
» presque totalité des suffrages et que, de cette
» façon, l'harmonie qui, grâce à la bonne volonté de
» chacun et surtout au dévoûment éclairé de son
» honorable président, reigne au sein de la Com-
» mission, pourra s'y maintenir longtemps encore,
» ce qui serait pour les rapporteurs, la réalisation
» d'un de leurs plus chers désirs ».

M. le Président, prenant alors la parole, lit ce
qui suit :

« Messieurs,

» Permettez-moi de vous présenter quelques ob-
» servations relatives au rapport dont il vient de
» vous être donné connaissance.

» 1° En droit, êtes-vous bien certains de ne pas
» vous exposer à des difficultés ultérieures ?

» Le testament de M. Lejeune manifeste formel-
» lement la volonté de doter l'hospice d'un aumô-
» nier qui y dise la messe tous les matins. Une com-
» mission administrative, pour exécuter les volontés

» du défunt a organisé ce service d'aumônerie....
» Une autre Commission a-t-elle bien le droit de
» le supprimer? Je sais que le testateur dit : « Si
» l'état des finances le permet », mais l'état des
» finances le permet toujours, si on le veut, et
» d'ailleurs les budgets primitifs établis depuis dix
» ans répondent eux-mêmes à cette objection.

» 2° En outre, en fait, par quel service rem-
» placerez-vous le service supprimé ? Vos pré-
» cautions sont-elles prises ? Vous êtes-vous assurés
» du lendemain ? Car enfin vous n'avez sûrement
» pas l'intention d'enlever toute consolation reli-
» gieuse aux pauvres infirmes qui en jouissaient
» lorsqu'ils étaient chez eux ;

» 3° La loi de séparation de l'Eglise et de
» l'Etat place, vous le savez, les aumôniers des
» établissements publics, lycées, hospices, etc., dans
» une situation, tout à fait privilégiée. Elle supprime
» toute allocation aux ministres du culte, sauf aux
» aumôniers, pour lesquels elle maintient aux
» Communes et aux Etablissements publics l'autori-
» sation d'inscrire un traitement dans leurs budgets.

» La Commission du Sénat qui en a déjà délibéré,
» a ratifié ce vote libéral de la Chambre des députés.
» Il est donc dès à présent certain que la loi sera
» votée telle quelle ; le parlement, le gouvernement
» lui-même reconnaissent donc par là-même l'utilité
» de cet aumônier. Voudriez-vous être plus rigou-
» reux que la loi ?

» 4° Je vous signalais tout à l'heure l'utilité d'avoir
» un aumônier pour prodiguer les consolations

» de la religion aux pauvres infirmes. Combien
» grande serait la nécessité si vous aviez à donner
» asile à plusieurs centaines de blessés ? Ce n'est
» pas une fantaisie que d'envisager cet éventualité.
» Elle est, hélas ! dans l'ordre des choses possibles.
» Il y a quelques semaines, elle a failli devenir une
» réalité, le danger pour être ajourné n'est pas
» définitivement écarté. Je n'insiste pas sur la gra-
» vité de cette question.

» Messieurs, je vous en supplie, ne votez pas la
» suppression proposée, ajournez-en du moins la
» discussion après plus mûr examen des arguments
» que je viens simplement de vous indiquer, et aux-
» quels j'aurais pu donner des développements de
» nature à vous convaincre, si je n'eusse craint
» d'abuser de vos instants.

» Messieurs, il y a vingt-cinq ans, presque jour
» pour jour, que la confiance de mes concitoyens
» m'a investi de fonctions qui ont eu l'intérêt et le
» charme toujours attachés à l'accomplissement
» d'un devoir, mais qui n'ont pas été sans éprouver
» parfois ma santé et sans gêner les nécessités de
» ma vie privée. J'ai toujours cherché à n'avoir que
» des amis, même parmi mes adversaires, mais je
» ne puis couronner mes vingt-cinq ans de service,
» en m'associant à une mesure que je ne saurais
» approuver et que, je l'espère encore, vous ne
» voudrez pas sanctionner par votre vote ».

M. Gadais demande la parole pour répondre aux
observations de M. le marquis de Goulaine, président.

M. Lejeune, lui semble-t-il a voulu laisser aux

administrations successives toute latitude pour savoir si elles devaient oui ou non attacher un aumônier à l'Etablissement; si une commission a cru devoir résoudre cette question par l'affirmative, une autre commission a bien le droit de prendre une détermination contraire.

Quant à remplacer par un autre service, le service d'aumônerie supprimé, ce sera précisément le rôle de la Commission que les rapporteurs demandent de nommer. Des propositions pourraient être faites au curé de Saint-Étienne-de-Corcoué ou à un autre prêtre de la localité.

Les hospitalisés étant d'ailleurs tous nés dans la Commune ou y résidant depuis de longues années, ne devraient pas par le seul fait de leur entrée à l'hospice, perdre leur qualité de paroissiens.

M. Gadais assure M. le Président que dans la pénible éventualité à laquelle il vient de faire allusion, la Commission tout entière ferait tout ce qu'il est humainement possible de faire pour que les malheureuses victimes du terrible fléau qu'est la guerre trouvent à l'hospice Lejeune tous les secours qui pourraient adoucir leurs souffrances.

Il rend hommage au zèle et au dévouement avec lesquels M. le Président s'est consacré depuis la fondation de l'hospice à la prospérité et aux intérêts de l'Établissement, il l'assure à nouveau tant en son nom, qu'en celui de ses collègues présents, du désir qu'ils ont tous de le voir pendant encore de longues années présider les réunions de la Commission.

A la suite de ces explications réciproques, M. le

Président soumet par voie d'amendement à la Commission, la proposition suivante :

« Le service du culte dans l'hospice étant actuel-
» lement assuré pour le budget de 1905, le vote sur
» les conclusions du rapport de MM. Gadais et
» Giraudineau est ajourné à la séance où sera établi
» le budjet de 1906 ».

Sur la demande de M. Gadais, la Commission procède à mainlevée au vote, sur l'amendement présenté par M. le Président.

Par quatre voix contre une, l'amendement est repoussé.

En conséquence, la suppression à la date du premier Octobre du poste d'aumônier spécialement affecté à l'hospice Lejeune, est adoptée à l'unanimité, moins une voix.

Alors la majorité de la Commission se rangeant aux conclusions du rapport précité, désigne MM. Gadais, Giraudineau, Airiau et Vergne pour procéder au mieux des intérêts de l'hospice à la réorganisation du service du culte dans la chapelle.

Le rapport de MM. Gadais et Giraudineau, approuvé par la majorité de la Commission, met en lumière deux points principaux :

1° Economies à réaliser par le remplacement de l'aumônerie par le service religieux paroissial. Lesquelles économies serviraient à faire face aux dépenses de réparations et de constructions dont le besoin se fera inévitablement sentir.

2° Nécessité d'avoir un régisseur pour l'administration des immeubles de l'hospice dont beaucoup

sont en vigne et nécessitent des travaux bien exécutés et pour la surveillance effective de l'établissement et la comptabilité dans tous les détails administratifs. Cette question est encore pendante,
votre rapporteur n'a pas mission de vous proposer
sa solution.

Pour la réalisation des économies nécessaires,
MM. Gadais et Giraudineau proposaient le remplacement du service de l'aumônerie par le service religieux paroissial moins onéreux et l'inquiétude qu'ils
ont de laisser l'hospice sans ressources sur ses revenus, avec le strict équilibre budgétaire et obligé à
recourir en cas d'événements ou de travaux imprévus
à un emprunt sur le capital laissé par M. Lejeune, justifie de leurs qualités d'administrateurs prévoyants.
Il serait de mauvaise administration, de ne pas
partager cette inquiétude et pour ma part j'ai toujours redouté la ruine de celui qui n'économise pas
et cru qu'il était insuffisant de ne pas être prodigue
et qu'il fallait être économe.

Vous me permettrez, Messieurs, d'ajouter à ces
idées de prévoyance une considération :

Le désir de M. Lejeune a été de secourir avec les
revenus de son legs le plus de malades et d'indigents possible et il aurait voulu qu'il ne restât
aucun pauvre, aucun malade dans la région
qui ne pusse profiter des secours de sa fortune.

Quel est alors le devoir de la Commission pour
se conformer aux volontés de ce grand bienfaiteur ? N'est-ce pas de faire en sorte que par une
sage administration l'hospice soulage le plus de
misères que ses revenus le permettent, toutes les

misères du pays si on le pouvait, et combien il y en a encore à soulager!

Nous déplorons tous, Messieurs, n'est-il pas vrai, les refus que la Commission administrative est obligée de faire à ces demandes d'hospitalisation et de secours cependant bien intéressantes et ce, pour raison de manque de locaux et de ressources. Comment devant tant d'infortunes insoulagées ne pas être plus parcimonieux pour des dépenses de culte et d'administration et plus prodigue pour les pauvres.

En présence de cette situation si émouvante n'est-il pas pénible de constater que quelques cœurs humains ont des replis de haine et de parti-pris lorsque par toutes les insultes ils viennent accabler ceux qui s'évertuent à rechercher et à trouver la conciliation entre les exigences des nombreuses misères et l'inexorable budget.

Les observations que notre honorable Président, M. de Goulaine, a faites, n'ont pas changé l'avis de la majorité de la Commission pour les raisons suivantes :

Il est bien certain en droit que si la Commission administrative a pu créer l'aumônerie, elle peut la supprimer.

M. Lejeune n'a pas manifesté d'une manière formelle la volonté de doter l'hospice d'un aumônier. Le rapporteur a expliqué plus haut que le but du bienfaiteur était d'abord de secourir tous les pauvres et tous les malades et dès lors qu'il y en a encore à soulager, pas d'aumônerie.

M. le Président dit que l'état des finances permet

de payer un aumônier. C'est vrai, en équilibrant juste le budget, en s'exposant en cas d'imprévu à un emprunt sur le capital, et en refusant secours et hospitalisations aux nombreux indigents qui réclament et auxquels il n'est pas possible de donner satisfaction. Je répète que ce n'est pas là l'intention de M. Lejeune.

Quant au terrible fléau, de la guerre, s'il survenait dans notre pays, la Commission tout entière ne faillirait point au patriotisme et nous ne pouvons douter du dévoûment du clergé de Saint-Etienne-de-Corcoué dans le service de l'aumônerie.

Le rapporteur, au nom de ses collègues et au sien, assure la Commission administrative que leur patriotisme consisterait à faire leur devoir en toutes circonstances et notamment à secourir et soigner les soldats blessés, comme il consiste actuellement à se rendre utile aux pauvres et aux malades et à sauvegarder leurs intérêts.

L'exercice du culte avec le clergé paroissial avait été prévu, la Commission avait formé le projet de faire des propositions en ce sens en laissant à l'autorité religieuse le soin et la responsabilité de l'organisation.

M. le Président de la Commission administrative nous a dit que nous ne pouvions être plus sévères que la loi sur la séparation de l'Eglise et de l'Etat qui supprime les allocations aux ministres du culte, et accorde la faculté de maintenir celles des aumôniers. La réponse est dans les raisons déjà données par votre rapporteur et la loi ne contient aucune obligation à ce sujet.

La Commission ne s'est pas laissée influencer dans ses sentiments de conciliation par l'attitude agressive de certains catholiques. Elle a choisi pour aumôniers les prêtres de Saint-Etienne-de-Corcoué qui ne peuvent se plaindre de la ressource qu'ils trouveront dans la nouvelle organisation du culte, qui diminuera du montant de l'allocation accordée la charge des catholiques de Saint-Etienne-de-Corcoué, de pourvoir à l'existence de leur clergé paroissial.

C'est ce qui conduit à dire que non seulement la suppression de l'aumônerie est une économie en faveur des pauvres, mais encore une économie pour les contribuables catholiques de la commune.

CONSEIL MUNICIPAL DE ST-ÉTIENNE-DE-CORCOUÉ

Pouvoirs de la Commission administrative

A la séance du Conseil municipal de la commune de Saint-Etienne-de-Corcoué, du 20 août 1905, l'honorable M. de Goulaine, maire et président de la Commission administrative de l'hospice Lejeune, crut devoir donner connaissance de la délibération de la Commission qui supprimait l'aumônerie et des paroles de protestation qu'il avait prononcées demandant à l'Assemblée municipale si elle entendait les approuver :

Approbation fut donnée à l'unanimité des membres présents moins un, M. Giraudineau, membre de notre Commission, et voici les motifs et le résultat de cette délibération.

« Considérant que la question de suppression
» de l'aumônerie intéresse au plus haut point la
» population de Saint-Etienne-de-Corcoué ;
» Considérant que pour la presque totalité des
» questions importantes concernant l'administra-
» tion de l'hospice Lejeune, le Conseil municipal
» est appelé à donner son avis.
» Le Conseil municipal émet le vœu que l'admi-
» nistration de l'hospice Lejeune revienne sur sa
» décision du 3 août 1905 et que le service
» d'aumônerie à l'hospice Lejeune 'soit maintenu.
» Et prie Monsieur le Préfet de vouloir bien
» transmettre à qui de droit la présente délibéra-
» tion. »

Le rapporteur renvoie à ce qu'il a déjà dit, qui
millite en faveur de la suppression de l'aumônerie
qui est de l'intérêt des catholiques de Saint-
Etienne-de-Corcoué qui se trouveront après la
séparation de l'Eglise et de l'Etat, dégrevés de l'allocation donnée par l'hospice à leur clergé.

Il constate que l'honorable maire de Saint-
Etienne-de-Corcoué a, avec la connaissance qu'il a
des affaires publiques, émis simplement un vœu
parce qu'il n'ignorait pas que le Conseil municipal
ne peut imposer ses délibérations relativement à
l'organisation intérieure de l'hospice. La Commission administrative n'est soumise qu'au contrôle
de M. le Préfet en ce qui concerne cette organisation et notamment pour ce qui est du service du
culte ou de traités avec des infirmiers ou infirmières.

Il paraît ici intéressant à votre rapporteur de

rappeler en cette circonstance, en quelques mots les délibérations qui sont réglementaires et celles qui sont soumises à approbation.

Délibérations réglementaires — La Commission règle par ses délibérations les objets suivants : le mode d'administration des biens et revenus ; les conditions des baux à fermes de ces biens lorsque leur durée n'excède pas 18 ans pour les biens ruraux et 9 ans pour les autres ; le mode et les conditions des marchés pour fournitures et entretien dont la durée n'excède pas une année ; les travaux de toute nature dont la dépense ne dépasse pas 3.000 francs. Toute délibération sur l'un de ces objets est exécutoire si, 30 jours après la notification officielle, le Préfet ne l'a pas annulée.

Délibérations soumises à approbation. — La Commission arrête, mais avec l'approbation du Préfet, les règlements du service tant intérieur qu'extérieur et de santé, et les contrats à passer avec tous religieux, religieuses, infirmiers ou infirmières.

Les délibérations de la Commission pour tout ce qui vient d'être énuméré, ne sont pas soumises à l'avis du Conseil municipal, il en est autrement de toutes les autres délibérations.

POURPARLERS POUR L'ORGANISATION NOUVELLE
DU SERVICE DU CULTE

A la séance de la Commission administrative du 14 septembre 1905, M. de Goulaine donne communication de la délibération du Conseil municipal du 20 août 1905, laquelle délibération lui a été retournée par M. le Préfet avec la mention : soit transmis à toutes fins utiles à M. le Président de la Commission administrative de l'hospice Lejeune.

M. Gadais, au nom de la Commission chargée de la réorganisation du service du culte à l'hospice, donne lecture de la lettre qu'il a adressée à M. le Curé de Saint-Étienne-de-Corcoué et de la réponse de ce dernier. Il expose que la Commission de réorganisation va écrire à l'Évêché de Nantes et qu'il communiquera la réponse qui sera faite.

I

LETTRE A M. LE CURÉ DE SAINT-ÉTIENNE-DE-CORCOUÉ

A LA DATE DU 25 AOUT 1905

Monsieur le Prieur de Saint-Étienne-de-Corcoué

Dans sa séance du 3 courant, la Commisson administrative de l'hospice Lejeune ayant, en même temps qu'elle supprimait le poste d'aumônier spécialement affecté à l'établissement, décidé la réorganisation sur des bases nouvelles et à des conditions moins onéreuses, du service du culte dans la chapelle dudit hospice, je viens en ma qualité de mandataire de la Commission nommée à cet effet, vous demander s'il vous serait agréable d'entrer en pourparlers avec les membres composant cette Commission.

Votre réponse, quelle qu'elle soit, me serait utile pour le premier jeudi de septembre, jour probable de notre première réunion.

Veuillez agréer, M. le Prieur, mes civilités.

Signé : GADAIS.

II

RÉPONSE DE M. LE CURÉ DE SAINT-ÉTIENNE-DE-CORCOUÉ

Monsieur Gadais, à la Forchetière
Saint-Étienne-de-Corcoué.

Les propositions que vous me faites dans votre lettre du 30 août sont absolument en dehors des attributions que me confère ma lettre de nomination à la Cure de Saint-Étienne-de-Corcoué, je ne puis donc y donner suite.

Veuillez agréer, Monsieur, mes civilités.

Signé : BERTHEAU *(Prieur).*

III

A la suite de la réponse laconique de M. le curé de Saint-Étienne-de-Corcoué, M. Gadais, Vice-Président, au nom de la Commission spéciale de réorganisation du culte, écrivit le 17 septembre 1905 la lettre suivante à l'Évêque de Nantes :

« *Monseigneur,*

» J'ai l'honneur au nom de la Commission
» administrative de l'Hospice Lejeune de vous
» exposer :

» Que cette Commission a par délibération
» récente décidé la suppression de l'aumônerie
» pour revenir à la situation ancienne, c'est-à-dire
» au service religieux par le clergé paroissial.

» J'ai informé M. l'aumônier de la décision
» prise dont l'effet partira du 1er octobre
» prochain.

» Il vous appartenait d'être informé officielle-
» ment de cette décision. Je le fais en vous trans-
» mettant les respectueux sentiments de la Com-
» mission et en vous demandant de vouloir bien lui
» décerner acte de la présente communication.

» Si vous voyiez quelques modifications à appor-
» ter dans l'exercice du service religieux ainsi que
» l'administration de l'hospice l'a accepté, je puis
» vous annoncer d'ores et déjà que la Commission
» examinerait avec la plus grande déférence les
» observations que vous voudriez lui formuler.

» C'est dans ces sentiments que la Commission
» que je représente et moi-même avons l'honneur,
» Monseigneur, de vous prier d'accepter l'hommage
» de notre profond respect.

« *Signé :* GADAIS. »

IV

A cette dernière lettre, il fut répondu, à la date du 25 septembre 1905 :

« *Monsieur l'Administrateur,*

» Au nom de Monseigneur, j'ai l'honneur de vous
» accuser réception de votre lettre informant sa
» Grandeur que la Commission administrative de
» l'Hospice Lejeune a décidé la suppression de
» l'aumônerie à partir du 1er octobre prochain.
» M. l'aumônier dira la messe pour la dernière fois
» le 1er octobre, dimanche du Rosaire.

» Vous voudrez bien nous faire connaître à
» quelles conditions vous avez l'intention de
» demander au clergé paroissial le service religieux
» à l'hospice.

» Veuillez agréer, Monsieur l'administrateur,
» l'assurance de mon respect.

» *Signé :* LEROUX, Vicaire général. »

V

A la suite de cette lettre, M. Gadais répondit au nom de la Commission dont je suis rapporteur ce qui suit à la date du 30 septembre 1905.

« *Monseigneur,*

» Dès réception de la lettre qu'au nom de Votre
» Grandeur, Monsieur le Vicaire général de l'Evêché

» m'a fait l'honneur de m'adresser je me suis
» empressé de consulter mes collègues et je viens
» aujourd'hui conformément à votre désir vous
» donner connaissance des intentions de la Com-
» mission dont je suis le mandataire.

» Une somme de cinq cents francs serait mise
» annuellement à la disposition de M. Le Prieur de
» Saint-Etienne-de-Corcoué auquel vous voudriez
» bien, Monseigneur, donner les instructions que
» vous jugeriez convenables pour le bon fonction-
» nement à l'Hospice Lejeune, du service religieux
» que, confiants dans votre bienveillante sollicitude
» nous vous laisserions le soin de réglementer.

» Si comme j'ose l'espérer vous approuviez cette
» manière de voir, je vous serais reconnaissant de
» vouloir bien m'informer au plus tôt et de me
» donner en même temps connaissance du règle-
» ment que vous aurez arrêté afin que je puisse
» moi-même le communiquer à la Commission,
» lors de sa première réunion.

» Veuillez agréer, Monseigneur, l'hommage de
» mes sentiments les plus respectueux.

» Signé: GADAIS, »

VI

A la date du 7 octobre 1905, M. Leroux, vicaire
général, répondit à la lettre ci-dessus :

« Monsieur le Vice-Président,

» Monseigneur me prie de vous accuser récep-
» tion de votre lettre du 30 septembre dernier et

» de vous informer que nous étudions la question
» du service religieux à l'hospice Lejeune.

» Veuillez agréez, Monsieur le Vice-Président,
» l'assurance de mes sentiments respectueux.

» *Signé* : LEROUX ».

VII

Cette dernière lettre fut suivie de celle ci-après
qu'écrivit M. l'abbé Leroux à M. Gadais :

« *Monsieur le Vice-Président de la Commis-*
» *sion administrative de l'hospice Lejeune.*

» Par votre lettre en date du 30 septembre der-
» nier vous avez bien voulu laisser à Monseigneur
» l'Évêque le soin de réglementer le service reli-
» gieux à l'hospice Lejeune après la suppression
» du poste d'aumônier.

» Sa Grandeur me prie de vous informer que ce
» service religieux sera réglé comme suit :

» 1° Deux messes basses seront célébrées chaque
» semaine le mardi et le jeudi dans la chapelle de
» l'hospice par le clergé paroissial.

» 2° Tous les dimanches et jours de fêtes d'obli-
» gation le salut du Très-Saint-Sacrement sera
» donné dans la chapelle, suivi d'une instruction.

» 3° Les confessions des religieuses et des hospi-
» talisés seront entendues dans la chapelle.

» 4° Pour rémunérer ce service, la Commission
» administrative mettra chaque année à la disposi-

» tion de M. le Prieur une somme de cinq cents
» francs qui sera payée à raison de 125 francs par
» trimestre.

» Si la Commission après en avoir délibéré
» accepte ces conditions, elle voudra bien consi-
» gner la convention sur le registre des délibéra-
» tions de la Commission administrative et nous
» en faire parvenir une copie certifiée conforme
» qui sera conservée dans les archives de
» l'Évêché.

» Il me parait nécessaire de remettre également
» une copie de cette convention à M. le Prieur de
» Saint-Étienne-de-Corcoué pour être conservée
» dans les archives paroissiales.

» Je me plais à espérer que tout sera réglé con-
» formément à nos communs désirs.

» Veuillez agréer, Monsieur le Vice-Président,
» l'assurance de mes sentiments respectueux.

» *Signé* : LEROUX,

» Vicaire Général ».

VIII

Le 2 novembre 1905 la Commission administrative accepta par une délibération prise à l'unanimité de ses membres les conditions du service
religieux paroissial telles qu'elles sont énumérées
dans la lettre qui précède et M. Gadais, au nom de
la Commission, écrivit ce qui suit en envoyant
les extraits de cette délibération à l'Évêché,

Saint-Étienne-de-Corcoué, le 5 novembre 1905.

« *Monseigneur*,

» Conformément au désir que vous m'en expri-
» mez par la lettre que M. le Vicaire Général, au
» nom de Votre Grandeur, m'a adressée à la date
» du 21 octobre 1905, j'ai l'honneur de vous
» remettre sous ce pli :

» 1º Un extrait conforme du registre des délibé-
» rations de la Commission administrative de
» l'Hospice Lejeune relatif à la convention inter-
» venue entre nous au sujet du service du culte
» dans la chapelle de cet hospice.

» 2º Un autre extrait semblable destiné à être
» conservé aux archives paroissiales et que je
» vous demande de vouloir bien transmettre à
» M. le Prieur de Saint-Étienne-de-Corcoué.

» Cette question étant définitivement réglée
» suivant le mode que nous avons cru devoir
» être le plus profitable aux personnes appelées à
» bénéficier du nouveau service, permettez-moi,
» Monseigneur, de vous présenter tous mes remer-
» ciments pour la bienveillance avec laquelle vous
» avez accueilli la demande de la Commission.

« Je remplis également un devoir agréable en
» offrant à M. le Vicaire Général de l'Évêché, nos
» remerciements les plus sincères pour la courtoi-
» sie qu'il a apportée dans la correspondance que
» nous avons dû échanger en cette circonstance.

« Veuillez agréer, Monseigneur, l'hommage de
» mes sentiments respectueux.

» Signé : GADAIS. »

Réponse de l'Évêché à la date du 23 novembre 1905.

« *Monsieur le Vice-Président,*

» J'ai l'honneur, au nom du Monseigneur, de » vous accuser réception de l'extrait certifié con- » forme du registre des délibérations de la Com- » mission administrative de l'hospice Lejeune, « relatif au service du culte dans cet établissement.

» Par le même courrier, je fais parvenir à M. le » Prieur, un extrait semblable pour être conservé » aux archives paroissiales.

» La question du service religieux à l'hospice se » trouve ainsi définitivement réglée.

» Veuillez agréer, Monsieur le Vice-Président, » l'assurance de mes sentiments respectueux.

» *Signé :* LEROUX,

» Vicaire Général. »

Tout est alors terminé, le service religieux à l'hospice Lejeune est assuré par le clergé parois- sial, conformément aux désirs de votre Commis- sion.

Après avoir pris connaissance des lettres échan- gées entre l'Évêché de Nantes et la Commission chargée de la réorganisation du service religieux on ne peut s'empêcher de constater la courtoisie et l'esprit de conciliation, tant de la part de l'auto- rité religieuse que de la part de votre Commission qui avait M. Gadais pour mandataire et il est par- ticulièrement agréable à votre rapporteur de rendre hommage à l'impartialité et à la délicatesse de la correspondance qui vient d'être reproduite et de laquelle il ressort que chacun a su rester dans son rôle.

CHAPITRE TROISIÈME

Amélioration à l'hospice. — Création de locaux supplémentaires par l'aménagement de la maison de l'Aumônerie. Achat de mobilier.

Les locaux actuels de l'hospice ne peuvent contenir que 26 lits, constamment occupés, et ce nombre est insuffisant pour répondre aux besoins d'hospitalisations qui se font impérieusement sentir.

Il est fort regrettable que le bâtiment principal de l'hospice n'ait pas été construit avec de plus grandes dimensions et d'ici quelques années on ne pourra plus se soustraire à l'obligation d'agrandissements, dont l'urgence devient de plus en plus menaçante pour le budget qu'on a eu le tort de boucler toujours sans économies.

Dès maintenant, il est impossible de reculer devant la nécessité de trouver de nouveaux locaux.

La maison qu'habitait autrefois les aumôniers peut remplir, pour le moment, du moins, le but d'augmentation de lits et de secours.

Vous savez, Messieurs, que l'établissement n'a aucune place libre et que la Commission est dans l'obligation de refuser des entrées urgentes de malades.

Comment dans cette situation parer à l'éventualité d'hospitalisations de malades indigents trouvés sur la voie publique. Nous n'avons actuellement qu'un moyen qui est de les diriger sur l'hospice de Nantes, aux frais de notre établissement, mais en aggravant dans presque tous les cas, par un déplacement trop long, l'état des malades.

Quant à l'hospitalisation des malades des communes voisines, il n'y faut point penser puisque nous n'avons aucune place libre.

On avait raison de songer à faire des économies pour faire face aux dépenses que vont nécessiter les aménagements des nouveaux locaux d'hospitalisation.

Qui donc a prétendu qu'il fallait négliger les moyens de secours, pour payer sans compter les dépenses d'une aumônerie ?.....

Celui dont les ressources suffisent aux besoins de l'existence doit refuser le bien du pauvre....

... L'indigent a autant de droit à la vie que le riche et on ne peut admettre la charité de celui-ci, humiliant celui-là....

Ce sont des principes, Messieurs, que votre commission spéciale veut appliquer et elle s'engage formellement à les respecter parce qu'ils lui donnent la satisfaction du devoir accompli.

CHAPITRE QUATRIÈME

Appréciations sur les oppositions faites au projet

Nous avons tous eu connaissance, Messieurs, de l'opposition qu'à rencontrée notre projet et la décision prise relativement au changement apporté dans le service religieux.

Voulez-vous, à ce sujet, me permettre d'entrer dans l'analyse de l'intention de la nature et du résultat des violentes attaques de nos adversaires.

I

Si par mesure d'économie l'autorité religieuse, d'accord avec les parties politiques du pays avait pris la décision que nous avons votée, personne n'aurait songé à critiquer la mesure décidée.

Tout aurait été pour le mieux dans le meilleur des mondes.

Je suis convaincu que comme moi, vous n'auriez jamais pensé à insulter les auteurs de ce projet.

Mais il s'agissait d'un vote des quatre membres, nommés par M. le Préfet, et c'était une si belle occasion de monter sur son cheval de bataille habituel, « la guerre à la religion, la République veut supprimer la religion ». Voilà le mot d'ordre qui devait écraser les républicains, qui pendant qu'on les injuriait, correspondaient respectueusement avec l'évêché de Nantes, pour le changement dans l'organisation du culte à l'hospice.

Il ne nous échappe pas, Messieurs, que nos adversaires politiques, ont voulu saisir une occasion qu'ils croyaient bonne, pour désorganiser le parti républicain dans notre canton de Legé :

Ils s'y sont fort mal pris, et en voulant montrer le spectre usé de la guerre religieuse que nous n'avons jamais faite, ils se sont acculés à être ou de mauvaise foi ou bien mal éclairés : J'aime mieux croire que la majorité d'entre eux a agi trop spontanément et que le plus petit nombre est de mauvaise foi. Quoi qu'il en soit, je ne veux pas poursuivre plus loin mes investigations sur ce point, et je leur fais même grâce de tous remerciements.

I

Les attaques ont été aussi nombreuses que haineuses et mal fondées, et on se demande comment des gens, se disant les plus fidèles pratiquants de la doctrine du Christ, qui a dit, « que son royaume n'était point de ce monde » mettent si peu en rapport les actes de leur vie avec cette doctrine.

Qu'a-t-on fait contre nous, républicains ? Tout pour nous causer préjudice de toutes façons et avec une lâcheté anonyme que nous méprisons. Et cela au nom de la religion que nos ennemis politiques s'obstinent à mettre au service de leurs basses insultes, en en voulant faire le marchepied de leur domination.

Tout a été mis en œuvre pour nous calomnier.

On a critiqué l'administration des revenus de

l'hospice et on a voulu faire croire que nous étions de malhonnêtes administrateurs.

Peut-on se servir de semblables procédés alors que personne n'ignore que l'administration de l'hospice a tout comme une commune un budget établi par la Commission, accepté par le Conseil municipal et soumis au contrôle de la Cour des Comptes, sur lequel budget sont ordonnancés les mandats de dépenses que paie le percepteur seul comme il encaisse seul tous les revenus.

Et qui est-ce qui préside à toutes les opérations, qui est-ce qui ordonnance toutes les dépenses ? M. de Goulaine, notre Président et ordonnateur depuis de nombreuses années.

Je ne veux pas laisser échapper cette occasion, Messieurs, de protester énergiquement contre ces calomnies et je vous propose de jeter notre plus profond mépris à la face de ces calomniateurs.

Nous ne partageons pas certes les conceptions politiques de M. de Goulaine, notre Président et ordonnateur, mais nous ne pouvons tolérer qu'il soit dit de pareilles choses contre lui et en la circonstance, nous tenons à l'assurer de notre confiance et de notre sympathie, et à lui témoigner notre admiration pour les grandes qualités d'administrateur qu'il met au service de l'hospice avec un dévouement incessant.

Dans un autre ordre d'idées, n'a-t-on pas essayé de mettre à l'écart tous les républicains, et par quel raisonnement, Messieurs. Vous le connaissez comme moi, je le répète dans toute sa brutalité.

La plupart de nos ennemis politiques ont dit :

Vous voulez être républicains, vous ne voulez pas penser comme nous ! Eh bien ! nous vous anéantirons, nous vous asservirons !... Quelle insulte à la conscience humaine et qui ne se révolterait pas contre l'odieuse tyrannie qui veut enchaîner notre croyance et notre volonté ?... et de quel droit s'arroger pour obtenir un pareil anéantissement moral.

Nos aïeux ont connu la féodalité. Le seigneur commandait, le serf obéissait, mais celui-là n'a jamais eu la conscience de celui-ci et c'est pour cela qu'est venu l'affranchissement. Voudrait-on aujourd'hui avoir la féodalité des consciences ! Non, Messieurs, il n'en peut être ainsi car la conquête de la liberté que nos pères ont faite et que nous achevons nous a profondément convaincus des bienfaits de cette liberté qui a jeté les racines puissantes de sa foi inébranlable et a fait pousser l'arbre de l'indépendance et de la raison...

... Orientez votre conscience comme vous voudrez, je n'en veux rien connaître, si ce n'est l'être humain que je respecte.

. . . .

Ces principes, Messieurs, ne le sentez-vous pas sont l'essence même de la liberté et la base immuable de la démocratie. C'est ce levier puissant qui retournera le monde en engloutissant les vestiges des derniers asservissements, et ce d'autant plus rapidement que l'intolérance sera plus longue à s'enfuir honteuse devant l'heureux envahissement de la lumière de la raison et du progrès dans la fraternité.

II

Les attaques ont eu des meneurs dont la sincérité, pour beaucoup du moins, consistait à créer le fanatisme en faveur de leur cause qu'ils élèvent sur un piédestal d'idées qu'ils disent les meilleures parce qu'elles sont les leurs et qu'elles servent admirablement leurs appétits de dominateurs. Mais le vent de la tolérance a soufflé, quelques fanatiques s'en sont garantis, mais combien peu à en juger par le manque de succès des menées de tous ces factieux. Ceux qui ont combattu ont été mis en déroute sous la risée de ceux qui assistaient impassibles aux événements et, en réfléchissant ils se sont aperçu qu'ils n'avaient rien perdu et qu'ils n'avaient rien gagné si ce n'est, peut-être, quelque enseignement pour l'avenir.

Pourquoi nous a-t-on calomnié en effet ? Parce que, disait-on, nous avions voté la suppression du culte. Qu'avions-nous délibéré dans notre 1re séance à ce sujet ? — Le remplacement de l'aumônerie par le service religieux fait par le clergé paroissial, ce qui a été accepté par l'autorité religieuse.

Les honnêtes gens jugeront sévèrement, nous n'en doutons pas, nos calomniateurs ; quant à nous nous ne pouvons que leur exprimer notre dédain et répéter que nous avons fait notre devoir d'administrateurs prévoyants et d'hommes libres à l'abri de toutes influences, quelles qu'elles soient, et que si pareille occasion se représentait à nous de sauvegarder le bien du pauvre nous serions encore sur la brèche toujours avec la même énergie.

CHAPITRE CINQUIÈME

Conclusions

Ce n'est plus l'heure d'insister sur les considérations qui militent en faveur des décisions prises
par la Commission. La transformation du service
de l'aumônerie en service religieux paroissial est
chose faite et ce dernier service fontionne à l'hospice. J'arrive aux conclusions de mon rapport.

Les hospitalisés catholiques trouveront dans la
mesure prise une bienveillante sollicitude de la
Commission administrative à leur égard et la majorité des administrateurs espère qu'ils sauront
conserver la neutralité religieuse vis-à-vis d'autres
hospitalisés qui ne penseraient pas comme eux et
qu'ils s'inspireront du principe de liberté de conscience que la Commission dont je suis rapporteur
tient à maintenir strictement dans l'établissement.

Le personnel de l'hospice doit rester en dehors
de toutes luttes politiques et religieuses et user, le
cas échéant, de son influence pour réprimer tous
manquements à la liberté et pour inculquer
l'idée du respect de tous.

La Commission organisatrice du culte espère
que le clergé paroissial saura à l'hospice garder
une neutralité politique absolue et qu'il n'ajoutera à
son ministère que des paroles de calme et de
conciliation dont le résultat apportera son à-point

au maintien de l'ordre et au respect des honnêtes gens à quelques partis qu'ils appartiennent.

Pour terminer, Messieurs, je vous proposé au nom de la Commission.

1° L'accomplissement du désir de M. Lejeune en faisant apposer une inscription dans la chapelle de l'hospice qui rappellera la munificence de la famille Lejeune. Cette inscription serait :

A M. Lejeune (Francois - Constant), fondateur de l'hospice et à sa famille, l'humanité reconnaissante.

Un spécialiste serait chargé de l'exécution de cette inscription et présenterait un modèle avant exécution.

Une Commission de deux membres serait chargée de s'entendre avec cet ouvrier et de soumettre un projet définitif à l'Assemblée générale.

2° L'aménagement des locaux de l'ancienne aumônerie en succursale de l'hospice et l'achat du mobilier nécessaire.

Une Commission de deux membres serait chargée de cet aménagement et soumettrait ses observations et ses projet à l'Assemblée. Cette Commission organiserait aussi le service d'hospitalisation dans cette annexe et soumettrait un projet à ce sujet, à la Commission complète.

3° Et enfin la Commission dont je suis le rapporteur vous demande de sanctionner par un vote favorable, toutes les déclarations, interprétations, protestations, décisions, conclusions et en général tout le contenu du présent rapport.

Signé : VERGNE.

Vote sur le Rapport ci-dessus

A la séance de la Commission administrative du 7 décembre 1905, M. Vergne lit le rapport ci-dessus.

M. Gadais, qui préside la réunion, prend la parole pour soutenir l'ensemble et les conclusions de ce rapport. Il dit qu'il ne doute pas être l'interprète des membres présents, en félicitant au nom de tous M. Vergne pour son remarquable travail qui met toutes choses au point.

A l'unanimité des quatre membres présents, l'ensemble du rapport et ses conclusions sont adoptés et MM. Gadais et Vergne sont désignés pour faire exécuter les travaux et pour les organisations, comme l'indiquent les conclusions du rapporteur.

M. Gadais dit qu'en raison des attaques politiques qu'a amenées la question du culte, il est d'avis que le rapport de M. Vergne soit rendu public. Il soumet cette proposition au vote de l'Assemblée qui l'adopte à l'unanimité.

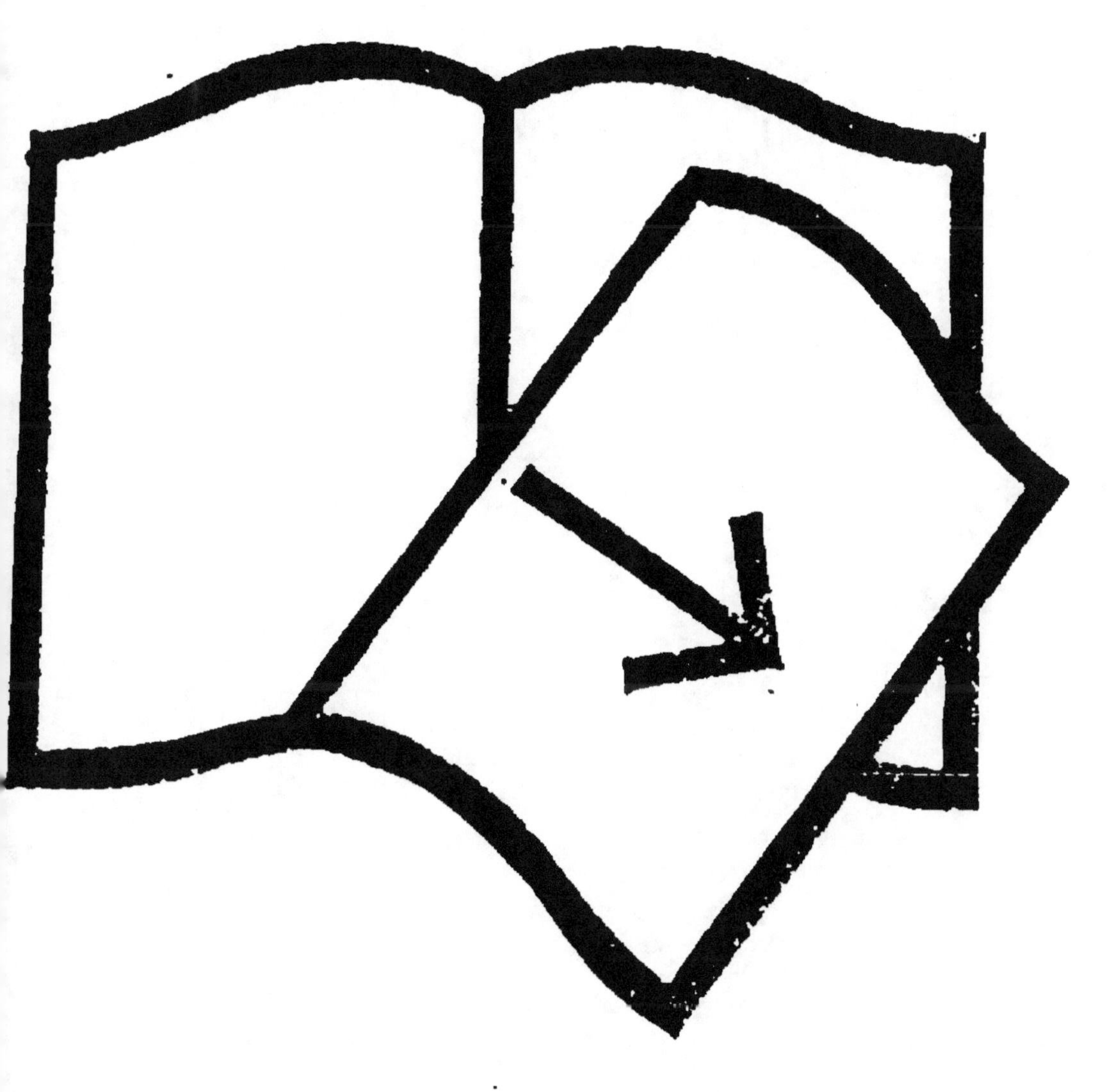

Documents manquants (pages, cahiers...)
NF Z 43-120-13